# QUELQUES RÉFLEXIONS

### SUR LE

# RAPPORT DE M. RÉMUSAT,

Fait au nom de la commission chargée
de l'examen de la proposition de M. PASSY,

## SUR LE SORT DES ESCLAVES

### DANS LES COLONIES FRANÇAISES.

PAR

### M. RUYNEAU DE SAINT-GEORGE,

DÉLÉGUÉ DE L'ILE BOURBON.

**Paris,**

IMPRIMERIE DE GUIRAUDET ET CH. JOUAUST,

315, RUE SAINT-HONORÉ.

1839

# QUELQUES RÉFLEXIONS

### SUR LE

# RAPPORT DE M. RÉMUSAT,

Fait au nom de la commission chargée
de l'examen de la proposition de M. PASSY,

## SUR LE SORT DES ESCLAVES

### DANS LES COLONIES FRANÇAISES.

PAR

## M. RUYNEAU DE SAINT-GEORGE,

DÉLÉGUÉ DE L'ILE BOURBON.

Paris,

IMPRIMERIE DE GUIRAUDET ET CH. JOUAUST,

315, RUE SAINT HONORÉ.

1839

# QUELQUES RÉFLEXIONS

## SUR LE

# RAPPORT DE M. RÉMUSAT,

Fait au nom de la commission chargée
de l'examen de la proposition de M. PASSY,

## SUR LE SORT DES ESCLAVES

### DANS LES COLONIES FRANÇAISES.

PAR

### M. RUYNEAU DE SAINT-GEORGE,

DÉLÉGUÉ DE L'ILE BOURBON.

---

Paris,

IMPRIMERIE DE GUIRAUDET ET CH. JOUAUST,

315, RUE SAINT HONORÉ.

1839

# QUELQUES RÉFLEXIONS

SUR LE

# RAPPORT DE M. RÉMUSAT,

Fait au nom de la commission chargée
de l'examen de la proposition de M. PASSY,

## SUR LE SORT DES ESCLAVES

### DANS LES COLONIES FRANÇAISES.

———◆———

Au moment où le rapport de M. Rémusat sur la proposition de M. Passy va ramener à la tribune nationale la discussion du système colonial, il est de notre devoir de signaler quelques erreurs échappées à l'honorable député. C'est avec hésitation, avec crainte, que nous entreprenons une tâche que rendent si difficile le talent et la science de M. Rémusat ; mais, gardien des intérêts coloniaux, nous n'avons à consulter que la voix de notre conscience, et non pas les inquiétudes de no te amorr-propre.

Rendons grâces d'abord à M. Rémusat des efforts qu'il a faits pour se dégager des préventions qui l'assiégeaient ; remercions-le de la justice qu'il rend aux colonies : il reconnaît que *les Français d'outre-mer n'ont cessé de mériter l'intérêt et la protection de la mère-patrie, et que la société coloniale essaie de racheter, par ses efforts spontanés, le vice originel de sa constitution.* Par là, l'honorable rapporteur s'est montré le digne organe d'une chambre où l'esprit modéré, sage, conservateur, dominera toujours. Mais des théories erronées, parce qu'elles sont trop absolues, ne se produisent-elles pas sous sa plume lorsqu'il nous représente l'esclavage colonial comme constituant une violation permanente des droits de la religion, de la nature et de l'humanité, et comme ayant été, au moins dans ses phases premières, plus odieux et plus cruel que l'esclavage ancien? Il y a, dans ces idées générales, exagération d'une part et méprise de l'autre. Aussi, avant de démontrer que le projet de loi présenté par la commission serait dans plusieurs de ses parties une violation flagrante de notre Charte coloniale, il est devenu indispensable d'entrer dans quelques explications sur l'origine et la nature de l'esclavage dans les colonies françaises.

Certes, l'esclavage est une mauvaise institution ; et ce n'est pas nous qui nous en constituerons les aveugles et fanatiques défenseurs ; mais il y a des distinctions à établir, et l'anathème absolu lancé par M. le rapporteur serait désavoué par lui-même s'il avait vu de plus près les choses coloniales.

Il serait peut - être facile de démontrer, avec un honorable membre du conseil colonial de la Guadeloupe, que l'esclavage, aujourd'hui si odieux, a été autrefois un progrès; qu'une institution qui a commencé par adoucir le droit des gens, en substituant la servitude à la mort, a été une des phases que l'humanité devait nécessairement parcourir, et qu'apprécier les essais et les premiers efforts de la civilisation naissante du point de vue d'une civilisation entièrement développée c'est une erreur manifeste à laquelle n'a pas échappé entièrement l'esprit si judicieux et si élevé de l'honorable rapporteur.

Mais, au lieu d'entrer dans des discussions abstraites, qui, d'ordinaire, n'aboutissent qu'à des controverses sans fin, nous pensons que nous atteindrons plus sûrement notre but en rappelant, en peu de mots, l'introduction de l'esclavage dans les colonies françaises. Les assertions dont nous avons à nous plaindre trouveront une complète réfutation dans le récit abrégé des faits, l'énonciation de quelques principes certains et le rapprochement de la législation ancienne et moderne sur l'esclavage. Comme on le voit, nb tre tâche sera facile : nous le devons à l'esprit de justice et de bienveillance qui règne dans l'ensemble du rapport.

Les Antilles, récemment découvertes, manquaient de bras. Les peuplades de l'Afrique, continuellement en guerre les unes avec les autres, livraient leurs prisonniers aux tortures et à la mort. Afin de peupler les nouvelles colonies, le cardinal de Richelieu sollicita Louis XIII d'autoriser le rachat des esclaves destinés à périr au milieu des plus cruels tourments. Louis XIII hésita long-temps : ses scrupules ne cédèrent qu'à la voix puissante de l'humanité et de la religion. Enlever des malheureux à une mort horrible et certaine, les éclairer peu à peu des lumières de la civilisation et de la foi, telles furent les considérations principales qui triomphèrent de l'hésitation du fils de Henri IV. Dans l'esprit de ce prince religieux, mais scrupuleux à l'excès, l'intérêt de la culture, du commerce et de la navigation, fut un motif puissant, sans doute, mais tout à fait accessoire.

Ainsi la bienfaisance et la religion introduisirent l'esclavage des noirs dans les colonies françaises. Sans doute la pensée humaine et chrétienne qui avait présidé à cet établissement s'est quelquefois altérée. L'esclavage colonial, moyen puissant de civilisation, n'a pas toujours été exempt des déviations que subissent toutes les institutions humaines ; mais on peut voir par l'édit de 1685, par les lettres patentes de 1723 et par tous les monuments de notre législation, que la pensée primitive n'a cessé, à divers intervalles, de se reproduire dans sa pureté originaire, et même depuis un certain nombre d'années, avec plus de netteté et de force. Si on ne s'est pas constamment tenu dans les voies régulières qui devaient être suivies, la faute en est au malheur des temps : il faut en accuser et les ministères corrompus du règne de Louis XV, et les crises successives de la révolution française, qui, poussant trop violemment les colons dans un sens, les faisaient réagir dans un sens opposé. Plus tard, la restauration, toujours incertaine dans sa marche et dans ses actes, toujours partagée entre les tendances les plus contraires, fut incapable d'imprimer aux colonies une direction constante et uniforme. Mais, depuis la révolution de 1830, le progrès a été tel, que, si les faits étaient bien connus, la plus ardente philanthropie serait complétement satisfaite : 33,456 esclaves affranchis dans le cours des huit dernières années sont une preuve irrécusable de ce que nous avançons. L'entraînement libéral des colonies a été tel, que la sagesse du gouvernement métropolitain, et sur les excitations même de la commission, sera obligée d'y apporter des bornes en introduisant dans une ordonnance, qui sera peut-être prochainement promulguée, des restrictions à la faculté d'affranchir. Quant à l'amélioration du sort des ateliers, nous invoquons le témoignage de tous ceux qui ont visité récemment nos établissements d'outre-mer. Que l'esclave est différent aujourd'hui de ce qu'il était il y a dix ans! Vêtement commode, nourriture saine et a-bondante, langage clair et distinct, abolition presque générale, en fait, du fouet et de tout châtiment honteux : l'esclave n'a retenu de son ancien état que le nom!

Oh! sans doute, l'œuvre si noble entreprise par les colons est encore inachevée! Cette régé-nération heureuse qu'ils poursuivent à travers tant d'obstacles est loin d'être accomplie! Mais que la métropole seconde leurs efforts, au lieu de les rompre; que, par des tarifs injustes et op-presseurs, elle ne porte pas la misère et le dés-espoir là où règnent naturellement l'abondance et la richesse! et bientôt sera rempli dans toute son étendue ce devoir de perfectionnement mo-ral contracté dès l'origine par les propriétaires d'esclaves. Alors les colons apparaîtront aux yeux du monde sous leur véritable aspect, non com-me des maîtres avides et inhumains, non com-me des violateurs des lois de la nature et de l'hu-manité, mais comme les intermédiaires glorieux de la civilisation de l'Europe mise en contact avec la barbarie africaine!

Nous l'avons déjà dit, nous n'examinons pas si l'esclavage est ou non, sous le point de vue philosophique et abstrait, une violation du droit naturel. Montesquieu dit que oui, Bentham dit que non. Cette théorie, susceptible d'une controverse sans fin, ne recevra jamais qu'une solution différente, suivant la diversité des esprits; et puis la servitude comporte tant de degrés, elle se subdivise en tant d'espèces et de nuances, que la solution vraie pour l'une ne le serait pas pour l'autre. Nous évitons donc une discussion tout à fait oiseuse; mais il nous est impossible d'admettre qu'une institution qui s'appuie sur les plus antiques et les plus saintes traditions soit criminelle par sa nature. La civilisation du dix-neuvième siècle peut tolérer quelque temps encore un établissement qu'ont admis et consacré Moïse, Lycurgue, Solon, les législateurs de tous les temps et de tous les pays. On peut, sans crime, transiger avec une organisation sociale que l'Auteur divin de notre religion n'a jamais formellement condamnée. Le fils de Dieu, descendu sur la terre à une époque où elle était couverte d'esclaves, n'a pas lancé l'anathème sur la tête des maîtres; il a au contraire recommandé aux esclaves l'obéissance et la soumission. Sans doute l'Evangile, code éternel de liberté, d'égalité, de justice, dont la mission est de faire de tous les hommes une seule famille, et de les fondre dans l'unité, a sappé par sa base le système de l'esclavage. Mais l'œuvre divine s'opère par des développements successifs, ne force aucune conviction, ne viole aucun droit, ne blesse aucun intérêt, et n'a rien de commun avec cet horrible subversion dont les colonies ont déjà été les victimes, dont elles sont encore menacées, et contre laquelle, nous devons le reconnaître, nous serions défendus par la haute raison et l'humanité de M. le Rapporteur, qui sait au moins s'arrêter devant les conséquences désastreuses des principes trop absolus qu'il a posés!

D'ailleurs les formes sociales n'ont qu'une importance relative, et c'est surtout dans le secret des cœurs que succombent ou triomphent les principes de la justice : aux yeux de la philosophie et de la religion, la liberté la plus essentielle à l'homme est la liberté morale ; et Socrate en prison, ou Paul dans les fers, étaient plus véritablement libres qu'Anytus triomphant ou Néron sur le trône.

Ce n'est pas assurément que les institutions sociales soient indifférentes en elles-mêmes ; non, sans doute ! elles ont une importance très grande et que nous reconnaissons ; elles influent puissamment sur les mœurs et le bonheur des peuples. Heureuses même les sociétés dont les lois sont en harmonie avec ce principe d'égalité qui est le type primitif et originaire de la justice ! Mais nous disons, que l'homme physique n'est rien auprès de l'homme moral; que l'assujettissement extérieur ne détruit pas la liberté essentielle de l'homme, qui est la liberté morale, et que l'asservissement corporel et matériel a pu, dans les temps anciens, trouver sa justification ou son excuse dans des circonstances de temps et de lieu, dans les événements de la paix ou de la guerre, et surtout dans la dégradation et l'abrutissement complet de certaines populations.

Une autre erreur, mais profonde, de l'honorable rapporteur, est de penser que l'esclavage colonial, au moins à son origine, a réalisé plus complétement que la servitude ancienne, la brutale fiction de la loi romaine, qui fait de l'esclave un bétail, une chose.

A la naissance de nos établissements d'outre mer, lorsque la guerre existait encore entre les deux races, lorsque tout esclave fugitif était un ennemi, et que la puissance publique était encore sans action, il a pu exister des lois pénales d'une sévérité excessive; elles s'expliquent et par les circonstances que nous venons d'énumérer, et par les mœurs générales de l'époque à laquelle elles appartiennent ; du reste nous ne cherchons pas à les justifier ; nous sommes les premiers à les condamner et à les flétrir ; mais ce qu'il y a de certain, c'est que leur rigueur n'approcha jamais de la cruauté des lois spartiates ou romaines. L'honorable rapporteur a donc oublié que dans l'esclavage antique le maître pouvait à son gré user et abuser ; qu'il avait droit de vie et de mort sur tous ses esclaves ! il a donc oublié ce sénatus-consulte Sillanien qui permettait, lorsqu'un maître avait été assassiné, de mettre à mort tous les esclaves qui habitaient sous le même toit ou assez près pour avoir pu entendre les cris de la victime ! il a donc oublié cette législation barbare qui défendait, sous peine de mort, de donner refuge à des esclaves ; qui condamnait à perdre la vie tous ceux dont les maîtres avaient été tués en voyage, soit qu'ils fussent restés près de lui, soit qu'ils se fussent enfuis ! il ne se ressouvient donc plus de ces pages effroyables de l'histoire romaine où l'on voit des esclaves, destinés à engraisser les poissons, être précipités tout vivants dans les viviers par les ordres d'un maître extravagant et féroce ! Certes, ces horribles excès n'ont rien de commun avec l'histoire coloniale ; ils remontent à deux mille ans, ils sont en dehors de l'ère chrétienne !

En réalité, la servitude, chez tous les peuples chrétiens, n'a eu de la servitude ancienne que le nom; à plus forte raison elle n'a jamais présenté aucun des caractères de cet ilotisme odieux qui, né à Lacédémone, envahit plus tard l'empire romain, et y développa ses dernières et ses plus atroces conséquences.

Loin que l'esclavage colonial ait réalisé plus complétement que l'esclavage ancien la brutale fiction de la loi romaine, qui fait de l'esclave un bétail, une chose, il est vrai de dire que cette fiction n'a jamais passé dans les mœurs coloniales, et qu'elle a même été rejetée par la loi dans ses plus fâcheuses conséquences. Ainsi, en droit criminel, l'esclave des colonies n'a jamais été une chose, mais toujours un homme; à son égard, il n'a jamais été permis au maître d'user et d'abuser. Il y a mieux : pour les faits graves, les esclaves n'ont jamais été justiciables de leurs maîtres, mais toujours des tribunaux, où les mêmes formes leur ont de tout temps assuré les mêmes garanties; et même le législateur a fait la part de l'ignorance et de l'avilissement; et nos lois criminelles se divisent en deux systèmes dans leur application aux hommes libres ou aux esclaves : indulgentes pour ceux-ci, inexorables pour ceux-là. Ainsi, pour en donner un seul mais frappant exemple, le vol avec circonstances aggravantes, puni de peines afflictives et infamantes quand il a été commis par des personnes libres, n'est puni que de simples peines correctionnelles quand il a été commis par des esclaves. L'ordonnance coloniale du 27 septembre 1825 est la preuve irréfragable de ce que nous avançons.

On voit que, bien loin d'exagérer les conséquences de l'esclavage ancien, le système colonial en a effacé les traits les plus odieux, et a réduit la propriété de l'homme sur l'homme à une obligation perpétuelle de travail du serviteur envers le maître; et comme à côté du droit du maître se trouve pour lui l'obligation d'élever l'enfance, de donner des soins aux malades et aux infirmes, de nourrir et assister la vieillesse, nous ne craignons pas de le dire, quatre millions de Français accepteraient l'obligation du travail à ces conditions, qui les mettraient à l'abri de toutes les inquiétudes et de tous les besoins.

Laissons donc de côté les assertions inexactes, et revenons à la vérité des faits. C'est la religion qui a présidé à l'introduction des esclaves dans les colonies françaises : dès lors ses divines inspirations doivent se retrouver et se retrouvent en effet dans la législation qui régla les droits et les devoirs des maîtres. Pour s'en convaincre il suffit de jeter les yeux sur l'édit de 1685 et sur les lettres patentes de 1723. On y verra que le législateur de cette époque, au milieu d'é-carts quelquefois déplorables, voit toujours dans l'esclave un homme et un chrétien. De là des obligations réciproques, et pour l'esclave une sollicitude que les législateurs du paganisme non seulement n'éprouvèrent jamais, mais n'au-raient pas même comprise !

Au surplus, qu'on ne le perde pas de vue, les colons français n'ont pas créé l'esclavage, ils n'ont fait aucune loi de servitude ; des hommes déjà esclaves ont été arrachés d'une terre qui les dévorait, et leur introduction dans les îles françaises, œuvre de la métropole toute seule, inspirée, comme nous l'avons démontré, par le zèle de l'humanité et de la religion, était justi-fiée encore par un immense intérêt national. De grands ministres, les Richelieu, les Louvois, les Choiseul, y virent un moyen de soustraire la France au monopole exercé sur elle par la Hollande et l'Angleterre, d'étendre notre com-merce, d'offrir de nouveaux consommateurs à nos produits, et d'assurer notre prépondérance politique par l'accroissement de notre marine militaire. Il faut bien convenir qu'il n'y a rien dans tous ces faits qui puisse provoquer le zèle amer dont les colons ont été trop souvent les injustes victimes.

Nous regrettons vivement que le rapport de M. Rémusat, remarquable à tant de titres par le talent avec lequel il a été rédigé, par le ton de modération et de justice qui y règne, par l'amour de l'humanité qui l'a inspiré et que nous devons respecter jusque dans ses erreurs, par cet esprit religieux qui devrait marquer chaque pas de la réforme qu'on médite, reste entaché de quelques préventions, et nous venons d'en signaler de manifestes; mais ces préventions, il faut le dire, sont inévitables pour tout homme qui n'a pas vu par lui-même les mœurs coloniales.

Après avoir répondu aux considérations générales présentées par M. Rémusat par des considérations plus exactes, suivant nous, nous allons entrer brièvement dans l'examen des conclusions du rapport.

Nous ne nous arrêterons pas à la proposition de M. Passy en tant qu'elle avait pour objet de faire déclarer libres les enfants qui seraient nés dans les colonies à partir de la promulgation de la loi dont il avait pris l'initiative, et au moyen d'une indemnité annuelle de cinquante francs par tête d'enfant et pendant dix ans.

Il est reconnu que les dépenses annuelles d'un jeune esclave sont de plus du double, sans y comprendre la valeur du travail de la mère. Une indemnité qui ne serait pas le remboursement de la moitié des frais auxquels on obligerait les colons, sans qu'il leur fût tenu aucun compte de la propriété qu'on leur enlèverait, ne serait évidemment qu'une déplorable déception : aussi la commission ne s'y est pas arrêtée. Certes, si le but de M. Passy eût été une déclaration immédiate de liberté, il aurait fait précéder sa proposition de calculs certains, il l'aurait appuyée sur des bases qui auraient pu en assurer le succès : aussi nous pouvons avancer, sans craindre d'être accusés de témérité, que l'honorable député n'a eu d'autre intention que de tenir le gouvernement et les colonies en haleine, et de poser une pierre d'attente pour l'œuvre qu'il poursuit sans doute avec conscience, mais avec une chaleur de zèle qui l'expose à être emporté au delà des véritables limites.

Nous passons aux conclusions de la commission dont M. Rémusat a été le rapporteur.

Nous transcrivons le texte :

### ART. 1ᵉʳ.

Les dépenses auxquelles donneront lieu les mesures destinées à préparer l'abolition de l'esclavage dans les colonies françaises sont des dépenses de l'état.

### Art. 2.

En conséquence, chaque année les lois de finance porteront au budget du ministère de la marine et des colonies les sommes nécessaires pour concourir, avec les fonds annuellement votés par les conseils coloniaux, tant à l'extension du service religieux qu'à la propagation de l'instruction primaire.

### Art. 3.

Dans les trois mois qui suivront la promulgation de la présente loi, des ordonnances du roi régleront les formes dans lesquelles seront célébrés et constatés les mariages des personnes non libres, ainsi que leurs effets civils.

### Art. 4.

Les mêmes ordonnances régleront le cas où l'administration publique pourra autoriser le mariage entre les personnes non libres, à défaut d'autorisation de leurs maîtres.

### Art. 5.

Des ordonnances du roi détermineront dans

quels cas et à quelles conditions l'esclave aura la libre disposition de son pécule, et le droit de racheter sa liberté à prix d'argent.

## Art. 6.

Il sera établi aux frais de l'état dans les colonies un service d'inspection, à l'effet de veiller, sous l'autorité des gouverneurs, à l'exécution de la présente loi et de toutes les mesures administratives prises pour préparer l'abolition de l'esclavage.

## Art. 7.

Chaque année il sera rendu aux chambres compte de l'exécution de la présente loi.

Comme on le voit, la commission demande d'abord que des mesures soient prises pour préparer l'abolition de l'esclavage dans les colonies françaises, et que les dépenses qu'entraîneront ces mesures soient déclarées être à la charge de l'état; qu'en conséquence chaque année les lois de finance portent au budget du ministère de la marine les sommes nécessaires à l'extension du service religieux et à la propagation de l'instruction primaire.

Les colons l'ont souvent déclaré : ils ne tiennent à l'esclavage ni par penchant ni par goût; ils demandent seulement que leurs fortunes, leur existence et celle de leurs familles, soient préservées d'un horrible naufrage. Lors donc que les résultats définitifs de l'expérience anglaise auront donné raison aux novateurs, lorsque les esclaves des colonies françaises auront été suffisamment préparés, que le travail libre sera devenu certain, et qu'une indemnité juste et préalable aura été assurée, alors l'œuvre immense de l'émancipation, loin d'être contrariée par les colons, recevra de leur parttl'appui le plus sincère et le concours le plus loyal.

Nous n'aurions donc aucune observation à faire sur les articles 1 et 2 si la déclaration de l'indemnité, inséparable de toute émancipation, était plus nettement formulée; sans doute, cette indemnité nous est garantie par les lois et par la charte; elle est pour le gouvernement et les chambres un devoir de conscience qui ne peut pas être méconnu; mais, dans une question qui touche à l'existence de tant de familles, on ne saurait être trop explicite. Dire que les dépenses qui prépareront l'émancipation sont des dépenses de l'état, ce n'est pas exprimer que l'émancipation elle-même ne pourra avoir lieu que moyennant juste et préalable indemnité. Il est indispensable que l'art. 1ᵉʳ soit amendé dans ce

sens, et qu'à côté de la déclaration de l'émancipation future se trouve une confirmation solen-
nelle du principe de l'indemnité.

Cette première partie des propositions de la
commission, amendée comme nous venons de
le dire, satisfaisait à toutes les exigences. La
commission aurait dû s'arrêter là; par ses articles 3, 4, 5, 6, elle dépasse le but, fait violence
à la prérogative royale, et renverse de fond en
comble la loi du 24 avril 1833, véritable charte
coloniale.

La commission veut que dans des délais qui
lui sont prescrits l'autorité royale règle les conditions et les formes des mariages, et après qu'elle
institue le pécule et le rachat forcé.

L'établissement du pécule et du rachat forcé
a des inconvénients de la nature la plus gra-
ve, qui ont été signalés par les conseils coloniaux. Il n'entre pas dans notre plan de soulever
de nouveau la question du fond. Nous nous at-
tacherons uniquement à démontrer que les dis-
positions législatives proposées seraient le complet renversement des principes qui régissent
actuellement les colonies.

Par la loi du 24 avril 1833 ont été établies
à Bourbon, à la Martinique et à la Guadeloupe,
et à la Guyane française, des législatures locales
auxquelles de droit commun toute puissance lé-

gislative appartient , et ce n'est que par exception que certaines matières ont été réservées soit
au pouvoir royal , soit à la législature métropolitaine. Je sais bien que cette étendue du pouvoir législatif attribuée aux colonies ne paraît
pas présente à tous les souvenirs , mais elle n'en
est pas moins réelle. La preuve irrécusable que
les chambres métropolitaines et le roi n'ont le
pouvoir législatif quant aux colonies que par
exception se trouve dans l'art. 4 de la loi déjà
citée , article qui porte textuellement : « Seront
» réglées par des décrets rendus par le conseil
» colonial, sur la proposition du gouverneur ,
» les matières qui n'ont pas été réservées aux lois
» de l'état ou aux ordonnances royales. »

Cela posé , nous disons 1° que, si les innovations proposées sont du ressort des ordonnances,
un libre cours doit être laissé au pouvoir royal ;
2° que, si elles appartiennent au décret , elles
ne peuvent pas être transportées dans le domaine de l'ordonnance ; 3° que cette subversion des
principes qui régissent les colonies ne pourrait
avoir lieu que par l'abrogation de la loi du 24
avril , qui ne saurait être dans le vœu des chambres , qui devrait avoir été l'objet d'une proposition spéciale qui n'a pas été faite, abrogation
qui ne pourrait d'ailleurs conduire au but qu'on
aurait en vue, parce que, dépouillés des garan-

ties de la loi du 24 avril, les colons se réfugieraient dans la charte comme dans un rempart inexpugnable.

Nous allons succinctement développer ces trois propositions.

En vertu de l'art. 3 de la loi du 24 avril, toutes les améliorations à introduire dans la condition des personnes non libres, compatibles avec les droits acquis, ont été réservées à l'ordonnance royale. Lorsque la législature métropolitaine a conféré au roi cette importante attribution, c'est qu'on avait compris que des questions de cette nature devaient être enlevées au retentissement des débats parlementaires ; c'est qu'il était évident que cette haute mission revenait de droit au gouvernement, qui, constamment muni de tous les renseignements, de tous les calculs, de toutes les études préparatoires, saisirait toujours le moment opportun d'agir et de se concilier le concours des conseils coloniaux, sans lesquels aucune réforme ne peut avoir un résultat véritablement utile. Eh bien, les formes et les conditions nouvelles du mariage, le pécule et le rachat forcé, sont évidemment, dans l'opinion de la commission, des améliorations au sort des esclaves, compatibles avec les droits acquis. Dès lors cette matière serait exclusivement du ressort de l'ordonnance. Pourquoi donc les chambres viendraient-elles s'immiscer dans l'exercice du pouvoir royal, non pas seulement sous forme d'avis et par des observations générales, mais avec détail et par des textes de lois? La liberté d'action du gouvernement, dans le cercle de ses attributions, n'est-elle pas une des garanties les plus puissantes de l'ordre, et l'un des principes les plus certains de votre droit public? Pourquoi donc cette injonction qui lui serait adressée au nom des deux chambres, lorsque tous les faits viennent attester sa sollicitude et sa vigilance pour les intérêts qui lui ont été confiés? Ah! qu'on laisse plutôt l'autorité royale suivre le cours de ses pacifiques conquêtes, et qu'on s'abstienne de lui intimer des ordres qui déconcertent ses plans et jettent l'alarme dans les colonies!

Il y a mieux, les innovations qu'on voudrait imposer au gouvernement par voie d'ordonnances ne sont pas même dans les attributions du pouvoir royal. En effet, d'après l'art. 3 de la loi du 24 avril, il n'y a d'améliorations légales par cette voie que celles qui sont compatibles avec les droits acquis; or le rachat forcé est l'acquisition de la liberté, c'est un changement complet de condition et d'état. Ce n'est pas une amélioration à cette condition, à cet état; ce n'est pas assurément une métamorphose aussi rapide et aussi complète que le législateur a entendue par le mot améliorations, qui implique des modifications lentes et successives. Le pécule, tel qu'on voudrait l'organiser et tel qu'il a déjà été présenté aux colonies, ne peut pas être considéré non plus comme amélioration dans le sens de l'art. 3 de la loi du 24 avril. Le pécule *légalement institué* entraînerait nécessairement la jouissance des droits civils, et l'esclavage n'a été jusqu'ici que la privation absolue de ces droits; d'où la conséquence que l'établissement d'un pareil pécule, portant atteinte au droit du maître, ne peut être concédé que par les conseils coloniaux, et ne saurait rentrer dans les termes du paragraphe 6 de l'art. 3 de la loi du 24 avril.

Qu'on ne le perde pas de vue, de l'observation exacte de la division des pouvoirs coloniaux naît l'ordre et la sécurité pour nos établissements d'outre-mer. Un premier empiétement, qui en annoncerait un second, nous replongerait dans le chaos dont la loi nous avait fait sortir; et il me semble actuellement bien démontré que les art. 3, 4, 5, 6, du projet de loi seraient le complet renversement de la charte des colonies. La question constitutionnelle et légale préoccupe trop peu, il faut le dire, l'honorable rapporteur; tous ses scrupules s'évanouissent devant ce raisonnement, qui lui paraît concluant et tout à fait péremptoire : « Si l'ordonnance » n'était pas compétente, c'est la loi qui le se- » rait; ce ne sont pas les colonies qui ont délé- » gué des pouvoirs législatifs à la métropole, et » celle-ci, leur eût-elle fait une concession , serait » maîtresse de la reprendre. » Certes nous ne nierons pas en fait cette puissance sans limites derrière laquelle on se retranche, mais nous la contesterons en droit, parce qu'elle a évidem- ment ses bornes dans les principes de la char- te, dans la raison de chacun des membres des chambres métropolitaines , et encore dans la haute sagesse du gouvernement du roi. Et d'a- bord nous dirons que la loi du 24 avril, qui est presque tout le droit public des colonies, est plus qu'une loi : c'est une charte qui doit parti- ciper de l'inviolabilité de tout pacte fondamen- tal; mais, en fût-il autrement, il faudrait recon- naître qu'une abrogation de cette importance exige des préliminaires , des formes, des garan- ties auxquelles on n'a pas eu recours. Nous n'ad- mettrons jamais que toutes les institutions colo- niales puissent être renversées, sans mention expresse, par voie de conséquence , sans que les délégués aient été prévenus, sans que les gou- verneurs et les conseils coloniaux aient été con- sultés. Et d'ailleurs n'est-il pas manifeste que la loi du 24 avril forme un tout dont les parties se rapportent et se tiennent, que le dérangement des détails entraînerait forcément la ruine de l'ensemble, et qu'avant de détruire ainsi ce qui existe, il faudrait nécessairement songer à un nouveau système qu'on pût substituer à celui qu'on voudrait ainsi renverser?

Sous un autre point de vue, quelles circonstances viendraient justifier cette sorte de coup d'état législatif dont les colonies seraient si soudainement frappées? Existe-t-il des Français plus soumis aux lois et à la patrie? En est-il qui aient supporté avec plus de résignation les fléaux qui les ont accablés et les injustices même dont ils ont été les victimes? Si les conseils coloniaux ont défendu avec chaleur les intérêts confiés à leur foi, ont-ils perdu une seule occasion de manifester leur dévoûment au roi et à la France? Tout récemment encore, dans une question de haute gravité, la libération de l'atelier colonial de Bourbon, les prétentions qui paraissaient les mieux fondées ont cédé à la déférence toute filiale des colons pour la mère-patrie!

Ainsi donc, sous aucun rapport, l'abrogation implicite de la loi du 24 avril, qui résulterait des articles 3, 4, 5, 6, du projet de la commission, ne saurait être sanctionnée par les chambres et par le roi.

Mais d'ailleurs cette abrogation de la loi du 24 avril ne conduirait pas au but qu'on se propose. Nous l'avons déjà dit, dépouillés des garanties que leur assure cette loi, les colons se réfugieraient dans la Charte, qui leur serait encore une défense assurée. En effet, toute disposition qui *entamerait* le droit colonial ne pourrait jamais être du domaine de l'ordonnance : toute disposition de cette nature a pour condition inséparable le vote d'une indemnité qui appartient exclusivement à la législation métropolitaine.

En présence de questions si graves, qui intéressent au plus haut point l'humanité, la morale et la religion, notre premier devoir est la sincérité et la plus entière franchise ; ce devoir, nous l'accomplirons toujours. Eh bien, nous le déclarons, après l'étude la plus attentive et la plus longue des principes qui dominent la Charte et la loi du 24 avril 1833, il est impossible, suivant nous, de faire sortir les questions coloniales de cette triple alternative :

Ou les améliorations qu'on veut introduire dans la condition des esclaves ne portent aucune atteinte aux droits acquis, et sont relatives seulement au vêtement, à la nourriture, à la discipline des ateliers, etc.; dans ce cas, elles sont exclusivement du ressort des ordonnances, en vertu du § 6 de l'art. 3 de la loi du 24 avril ;

Ou ces améliorations portent atteinte aux

droits acquis, alors elles ne peuvent être obte-
nues qu'avec les concours des conseils coloniaux
et par la voie des décrets, parce qu'aux colons
seuls il appartient de relâcher quelque chose de
leurs droits, et que, d'après la loi du 24 avril,
la législation leur appartient dans tout ce qui
n'a pas été expressément réservé à l'ordonnance
ou à la loi;

Ou bien enfin il ne s'agit pas seulement d'a-
mélioration, mais d'émancipation partielle ou
générale; et alors, en raison de l'indemnité, qui
est un préliminaire indispensable, les colonies
tombent pleinement sous l'empire de la législation
métropolitaine, dans les termes de la Charte et
des lois.

En nous résumant, nous pensons, comme la commission, que la population esclave
dans les colonies françaises n'est pas mûre pour
l'émancipation, qu'il faut l'y préparer. Eh bien,
que la métropole entreprenne cette œuvre d'humanité! que les colons la secondent de tous leurs
efforts! Mais que l'injustice, l'instabilité rame-
née dans nos institutions, la confiscation des
faibles garanties dont nous sommes en posses-
sion, ne soient pas le prélude nécessaire d'une
aussi noble entreprise! Que la commission, qui,
à tant d'égards, a si bien mérité des colons,
couronne son travail par le respect le plus pro-

fond pour les institutions fondées par la loi du 24 avril, et qui ont déjà la sanction d'une expérience de cinq années.

Comme on le voit, si on retranche du rapport et des conclusions de la commission tout ce qui a trait aux ordonnances qu'on voudrait imposer à l'autorité royale, et si on rédige avec plus de netteté les art. 1 et 2, nous ne pouvons qu'applaudir aux vues de haute sagesse qui ont dirigé les honorables membres qui la composaient. En indiquant les améliorations morales et religieuses comme la véritable voie qui devait conduire à l'émancipation, la commission a mérité les suffrages de tous les hommes éclairés et consciencieux. Cette marche lente, mais sûre, est commandée non seulement par l'intérêt des maîtres, mais bien plus encore par celui des esclaves! Il faut, en effet, qu'au moment de l'émancipation la réformation des mœurs ait été opérée : autrement, au lieu de s'achever, elle s'arrêterait ; l'établissement du mariage deviendrait impossible au milieu d'une population en masse subitement affranchie. Le concubinage trouve dans l'influence du climat, dans des habitudes invétérées, un attrait puissant et en quelque sorte irrésistible. Cette influence du climat peut être surmontée, ces habitudes peuvent être vaincues par la puissance du maître montrant en perspective la liberté; mais, si l'esclave devient libre subitement et avant d'avoir reçu le joug salutaire des mœurs, jamais il ne s'y soumettra. Alors, comme à Saint-Domingue, surgira bientôt une société nouvelle et hideuse dans laquelle le concubinage sera la règle et le mariage l'exception. Là se développeront librement l'égoïsme, l'insouciance du lendemain, l'inertie morale, le dégoût du travail, tous les désordres et tous les vices !

Pour n'avoir pas suivi une marche aussi conforme à la raison, il est à craindre que le gouvernement anglais ne soit forcé de rétrogader et de ramener violemment les affranchis à la servitude par une sorte de servage qui les attachera à la glèbe et les contraindra au travail, auquel, jusqu'à ce jour, ils ne se sont soumis que par l'intervention et l'action de la puissance publique.

Nous ne pouvons donc, nous le répétons, qu'approuver les vues profondément morales qui se manifestent partout dans le rapport de la commission. Comme elle, nous pensons encore que la réforme ne peut s'opérer utilement qu'avec le concours des colons et au milieu d'une société prospère et riche, ce qui implique, avant tout, l'abrogation de ces tarifs oppresseurs qui écrasent l'industrie coloniale au profit de sucriers de betteraves si injustement privilégiés !

Qu'on se renferme donc pour le moment dans ce système d'améliorations morales complétement développé dans le rapport de la commission! Qu'on fasse plus : que, jusqu'à l'accomplissement de cette œuvre préliminaire indispensable, on s'abstienne de ces attaques sans cesse renouvelées qui compromettent au plus haut point l'existence de plus de trente mille familles.

Déjà, à deux reprises différentes, dans le cours de huit années, un bruit sourd de liberté a traversé l'Océan, soulevé une partie de la population esclave, donné naissance à d'horribles complots, et menacé d'ensevelir les colonies sous leurs ruines!

La France, à juste titre, est fière de ses arts et de sa civilisation; elle est fière de ses mœurs et de la douceur de ses lois. Modérée et généreuse sur le champ de bataille de 1830, au milieu de l'effervescence de toutes les passions, elle a conquis l'estime des nations étrangères et les éloges de la postérité. Oh! puisse cette gloire si pure ne recevoir jamais aucune atteinte! Puissent les colonies, préservées de tout désastre et de toute catastrophe nouvelle, ne pas léguer encore des pages sanglantes et accusatrices à l'inexorable histoire!